阪神電鉄 山陽電鉄 昭和の記憶

大阪・兵庫のシーサイドを走る鉄道の想い出

辻 良樹 著

◎西宮　昭和34年11月10日　撮影：野口昭雄

彩流社

CONTENTS

第Ⅰ部　カラーでよみがえる風景 ……… 5
第Ⅱ部　モノクロームの情景 …………… 33

梅田……………… 34	西宮東口………… 46	西大阪線………… 52	舞子公園………… 73
福島……………… 35	西宮……………… 46	武庫川線………… 54	大蔵谷…………… 74
野田……………… 36	香櫨園…………… 48	尼崎海岸線……… 56	明石……………… 74
姫島……………… 37	打出……………… 49	併用軌道線……… 57	東二見…………… 76
杭瀬……………… 38	芦屋……………… 49	兵庫・長田……… 64	別府……………… 76
大物……………… 39	住吉……………… 49	西代……………… 66	亀山……………… 76
尼崎……………… 40	御影……………… 50	板宿……………… 68	手柄……………… 77
出屋敷…………… 42	石屋川…………… 50	須磨……………… 69	姫路……………… 77
尼崎センタープール前 43	新在家…………… 50	須磨浦公園……… 71	飾磨……………… 78
鳴尾……………… 44	岩屋……………… 51	塩屋……………… 72	広畑……………… 78
甲子園…………… 44	三宮……………… 51	東垂水…………… 73	網干……………… 79
今津……………… 44	元町……………… 51	霞ヶ丘…………… 73	

阪神電鉄・山陽電鉄の時刻表（昭和30年）

阪神の特急は梅田〜三宮ノンストップの時代。国道線や海岸線などの路線も載る。当時の山陽電鉄は電鉄兵庫駅の発着だった。
日本交通公社発行「時刻表」（昭和30年6月号）

◎千船付近　昭和52年1月22日　撮影：野口昭雄

まえがき

　私は滋賀県に生まれ、一度東京で暮らしたものの今は滋賀県に戻り、関西の鉄道をはじめ、各地の鉄道について執筆している。関西の私鉄に関しても当然興味があり、滋賀県に住みながらも、京阪神へはよく出掛ける。その中でも阪神は新鮮で、私の場合、京都から阪急や京阪に乗ることも多いが、阪神は大阪に着いてからしか乗れず、大阪に行かないと乗ることのできない私鉄として独特な感情を持っている。例えば、滋賀県からJRで大阪に着き、さて神戸へは何で行こうかと考えた場合、阪神か阪急かという選択がある。その日の気分で選ぶ場合もあるが、鉄道史にも興味を持つ私としては、かつての線形の悪さを克服して、あらゆる努力で競合他社と対抗してきた阪神に思いを寄せることが多い。そして、阪神から山陽へ入り、姫路まで。両社を直通させる神戸高速鉄道には関西私鉄の魅力が詰まっている。

　阪神や山陽電鉄に関する本などを読むと、昔の電車に乗ってみたいと思うことがある。現在走行している電車にも興味はあるが、やはり昭和を走った個性豊かな阪神、山陽の電車にもっと乗っておけば良かったと思うのだ。この本を通じて、そうした方々にも往年の魅力が伝われば幸いである。

平成26年12月
著者

◎西宮　昭和36年12月11日　撮影：荻原二郎

第Ⅰ部
カラーでよみがえる風景

◎電鉄須磨　昭和36年2月　撮影：野口昭雄

昭和14年に地下化された梅田駅。将来の大型車導入を見越して設計されたターミナル駅のため、大型高性能車の投入時も少しの改良で対応できた。◎梅田　昭和51年2月13日　撮影：野口昭雄

開業時のターミナルがあった出入橋付近を走る3011形の特急。福島駅再開を機に出入橋駅は昭和23年に廃止された。◎旧・出入橋　昭和30年12月　撮影：野口昭雄

7801・7901形は、急行系運用からの小型車の置き換えと、昭和43年の神戸高速鉄道開業にともなう車両確保などを目的に製造され、「赤胴車」による輸送力増強に貢献した。◎野田　昭和52年1月22日　撮影：野口昭雄

5231形は、昭和36年から昭和38年にかけて製造され、旧型小型車1101形の歴史に終止符を打ったジェットカーとして知られる。◎野田　昭和51年11月3日　撮影：野口昭雄

ステンレスの車体を輝かせて神崎川を渡るジェットシルバー。◎千船　昭和52年1月22日　撮影：野口昭雄

ジェットシルバーは2両だけ製造されたため、他の車両と併結して走った。◎尼崎　昭和52年1月22日　撮影：野口昭雄

5001形は、普通系車両で初めての量産冷房車。日本の大手私鉄で最初に全車の冷房化を果たしたのは阪神だった。◎尼崎〜大物　昭和57年3月9日　撮影：野口昭雄

尼崎駅で発車を待つ西大阪線西九条行。西大阪線では、赤胴車が急行系という本線のような区別がなく、普通に運用されていた。ホームに吊るされた発車案内表示器の形状が今や懐かしい。◎昭和52年1月22日　撮影：岩堀春夫

5261形は、阪神初の1500V車。写真は5271形とも呼ばれる5261形の2次車。◎尼崎センタープール前　昭和52年1月22日　撮影：野口昭雄

平日朝の甲子園駅。冬の早朝はまだ日が弱い。通勤・通学客が待つホームには準急が停車。写る車両は7801形7831。現在の阪神本線では準急の運転がなく、今となっては準急種別が懐かしい。左側に写るのは区間急行。当時はマルの中に「急」と書かれ、急行との識別に配慮されていた。◎昭和52年1月 撮影：岩堀春夫

梅田～三宮間をノンストップ25分で運転していたころの3011形の特急。当時はまだ3両編成だった。◎今津　昭和30年5月4日　撮影：荻原二郎

ジェットカー初の量産車としてデビューした「ジェットブルー」こと5101形と5201形。写真は両運転台の5101形。まるでジェット機を想像するような高加減速を活かして駅に発着し、増発された特急の運行もスムーズにした。◎今津　昭和36年5月2日　撮影：荻原二郎

昭和35年9月のダイヤ改正から特急へ本格的に投入された3501形。両運転台の3301形も含めて、初めて優等列車を示す「赤胴車」と呼ばれた。写真は片運転台の3501形3連。朱色に特急マークは阪神の一時代を築いた。◎今津　昭和36年5月2日　撮影：荻原二郎

ジェットカーの試運転風景。後ろにはジェットシルバーが見える。◎西宮　昭和34年11月10日　撮影：野口昭雄

阪神沿線で有名なスポットと言えば、やはり阪神甲子園球場だろう。春と夏の高校野球シーズンに付くマークは風物詩ともなっている。写真は昭和54年春のセンバツをPRするマーク。特急表示の上に、阪神タイガースのしま模様を連想するようなデザインになっている。
◎西宮　昭和54年4月6日　撮影：岩堀春夫

7001・7101形は昭和45年に登場し、営業用としては日本で初めての電機子チョッパ制御車である。写真の7113は昭和47年に製造された。◎西宮　昭和56年1月　撮影：岩堀春夫

写真の5264は、5261形一次車のトップを切って昭和42年11月に登場した。◎西宮　昭和51年2月13日　撮影：野口昭雄

特徴的な区間特急を示す運行標識板を付けて走る様子。標識のデザインがレトルトカレーの「ボンカレーゴールド」のパッケージに似ており、当時は区間特急のことを「ボンカレー」と呼ぶファンも居た（コラム参照）。◎香櫨園〜西宮　昭和62年6月11日　撮影：岩堀春夫

西宮駅で顔を合わせた運行標識板。左の特急はセンバツPR付の標識で、右は梅田〜西宮間準急標識。◎西宮　昭和54年4月3日　撮影：岩堀春夫

特急梅田行の先頭に立つ3901形3905。この3905の車体は、後に武庫川線専用車両の7990形へ使用された。◎芦屋〜打出　昭和60年5月12日　撮影：岩堀春夫

芦屋付近を快走する7801形7832。7801形一次車の後期にあたる昭和41年製で、阪神の子会社だった武庫川車両工業製。◎芦屋　昭和51年2月13日　撮影：野口昭雄

かつての阪神の魅力と言えば、やはり小型車の力走。全動力車で組まれた編成はオールドファンを魅了した。前面にはその形状から「喫茶店」と呼ばれた前面形状が見える。◎魚崎　昭和30年5月4日　撮影：荻原二郎

昭和50年代はじめの魚崎付近。昭和30年に撮影された上の写真とくらべると、時代の移り変わりがわかる。◎魚崎　昭和51年2月13日　撮影：野口昭雄

「赤胴車」の先陣である3501形。冷房化は昭和48年から翌年にかけて行われ、「六甲の涼しさを車内に」とPRした。◎住吉　昭和51年2月13日　撮影：野口昭雄

◎九条〜千鳥橋　昭和59年1月29日　撮影：安田就視

昭和末期の西大阪線時代のひとコマ。阪神なんば線となった現在では信じられないような2両での運転風景。昭和49年に廃止された西大阪線特急でさえ、2〜3両での運転だった。◎伝法〜千鳥橋　昭和62年6月14日　撮影：安田就視

阪神の伝統を受け継ぐ社章

　阪神の車両には、稲妻型の社章が付いている。これは開業以来用いられる歴史のある社章で、稲妻型の中にレールをデザインし、電気鉄道を意味する社章になっている。他私鉄では通常自社名をアレンジした社章をよく見かけるが、阪神の社章は稲妻とレールだけのわかりやすいシンプルなもので、他社に先駆けて都市間高速電気鉄道を実現した電鉄らしい誇り高い社章である。ちなみに、円形の社章の採用実績がないのは、大手私鉄では阪神が唯一の存在となっている。

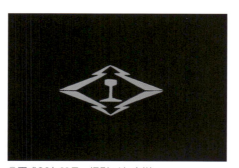

◎平成26年11月　撮影：辻 良樹

阪神 本線の歴史① 日本初のインターアーバンとして開業

　阪神電気鉄道（以下阪神）は、1905（明治38）年4月12日に、大阪の出入橋と神戸を結ぶ電気鉄道を開業した。この鉄道は、日本初の都市間電気鉄道で、日本におけるインターアーバンの先駆となり、大型ボギー車の1形がスパークを散らしながら華々しくデビューした。

　阪神間には先に官設鉄道が開業しており、大阪～神戸間（以下阪神間）の所要時分は、官設鉄道が55～60分、阪神が90分だったが、官設鉄道は運転本数や駅数が少なく、煤煙に悩まされる蒸気運転のうえに運賃が高かった。一方阪神は、街道沿いの集落に寄せて多くの駅を設けて利便性を高め、頻繁に電車を走らせ、官設鉄道より格安な運賃で、官設鉄道から乗客を大きく奪った。さらに、開業の年に早くも所要時分を短縮し、阪神間90分から80分を経て72分とし、開業の翌年の12月には、出入橋から仮線を敷いて梅田へ線路を伸ばしたが、所要時間は従来通りを維持した。

　阪神は逓信省が認可した私設鉄道法による鉄道ではなく、内務省が認可した軌道法で敷設された鉄道で、これは官設鉄道の並行する私設鉄道では認可される可能性が低いために選択された。軌道法とは、併用軌道で路面電車を運行する鉄道が対象で、阪神が意図した高速運転による電車運転とは程遠いが、阪神は「軌道のどこかが道路についていたらよい」という粋な計らいを受けて、一部を併用軌道とし、ほとんどを専用軌道で敷設することができた。この軌道法の解釈は、後に東西で発展する電鉄会社に大きな影響を与え、阪神が残した先駆的な功績のひとつだと言える。

　阪神間の所要時分は、その後、1910（明治43）には63分、1914（大正3）年には62分を実現した。第一次世界大戦の頃になると、工業都市として発展した尼崎や住宅地開発が進む西宮や芦屋付近など、沿線の人口が増え、乗客数が伸びていた。しかし、第一次世界大戦下では輸入が困難で、新車の投入が進まず、運転効率の向上を検討した結果、4つの区間に阪神間を分けて1区間を通過運転する方法を採用した。これによって、阪神間58分の運転に至り、同時に車両の運用効率が上がり、運転間隔の短縮も図った。

　ただし、当時はまだ1両での運転で、車両の混雑緩和や更なる輸送力の強化に向けて1913（大正2）年に2両連結運転の許可申請を出した。その後、専用軌道での許可を経て、ようやく1921（大正10）年に全線の許可が下り、統括制御車の301形を使った急行が阪神間を56分で結んだ。このように軌道法で敷設されながらも、専用軌道が多いことで高速電車の運転を実施し、所要時分の短縮や輸送力の向上を図った。

　一方、後発のライバルとなる阪神急行電鉄（以下、阪急）は、1920（大正9）年に神戸線が開業した。この鉄道は、省線や阪神とは離れた山手に敷設され、当時は過疎地域だった沿線を貫いた。阪神は、街道時代からの街同士を結び、カーブや駅数が多いが、阪急神戸線は、駅数が少なく、比較的カーブも少ないため、高速運転に適した路線と言える。阪神にとっては、沿線の人口増大とともに高まるニーズに対応しつつ、高速運転で優位な条件を揃えた新しいライバルにも目を配り、さらに進化を遂げることになった。（32ページ、阪神本線の歴史②に続く）

武庫川の土手側から見た東鳴尾駅。島式ホームを持つ交換可能な駅になる2年前の様子。
◎東鳴尾　昭和57年3月9日　撮影：野口昭雄

線路にはめられた車止めが写真右下に見える。この先レールは続くが、通常の営業では使用されておらず、洲先が終点だった。◎洲先　昭和49年1月11日　撮影：安田就視

阪神本線と交差する武庫川線。現在とは異なり、簡素なプラットホームだった頃の武庫川線のりば。当時は3301形の単行運転で、3301形は単車では冷房が使えなかった。そのため、武庫川団地前駅開業時に2両編成となるまでは、武庫川線は非冷房だった。◎昭和52年1月22日　撮影：岩堀春夫

単式ホームだった頃の東鳴尾駅。武庫川団地前駅開業にともない運行本数の増発が行われ、東鳴尾駅は交換可能な駅に造り替えられた。◎昭和50年4月6日　撮影：岩堀春夫

写真は野田行の31形40で、森具から走って来て、西宮西口へ向かうところ。この区間で夙川を渡る。秋晴れのもと、背後には六甲山の山並みが横たわる。
◎昭和48年10月15日　撮影：岩堀春夫

濃いベージュとあずき色のツートンカラーに塗られた併用軌道線の路面電車。写真は「金魚鉢」と呼ばれて親しまれた71形。道端には架線用の鉄塔が並び、上部は「ハエたたき」と呼ばれた形状だ。◎山打出〜森具　昭和48年10月9日　撮影：岩堀春夫

芦屋駅前付近を走る西灘発野田行。昭和44年に西灘〜東神戸間が廃止され、この頃の西端は西灘だった。写真は歩道橋からの撮影で、神戸側へ向けて延々と続く国道2号線と路面を走る国道線の電車が印象的。芦屋駅前停留場は、国鉄芦屋駅の南側にあった。◎昭和48年10月25日　撮影：岩堀春夫

プラットホームを備えた終点だった浜甲子園。団地の人々の大切な足としても親しまれた。◎浜甲子園　昭和49年1月13日　撮影：安田就視

浜甲子園を俯瞰した写真。浜甲子園一帯は郊外の住宅地として発展した。◎浜甲子園　昭和49年1月13日　撮影：安田就視

天六こと、天神橋筋六丁目に停車する1形5。写真右奥の大きな看板は、阪神電車のりばを示し、大変目立っていた。背景のビルは、かつての京阪神急行電鉄（阪急）天神橋駅だが、当時はすでに駅は地下化され、天六阪急ビルへ改装されていた。◎天神橋筋六丁目　昭和47年6月8日　撮影：安田就視

中津の停留場付近は阪急と阪神併用軌道線が並ぶ絶好の撮影ポイントだった。◎中津　昭和47年6月8日　撮影：安田就視

普通列車に使用していた戦前からの小型車を大型化することを目的に、昭和20年代後半に登場したのが250形。小型車の台車や機器を使い、車体を新造した。写真の257は昭和29年に製造されたタイプで、先に製造された250形250～255とは異なり車体長が長く、張り上げ屋根を採用したスマートな車体だった。◎長田　昭和43年4月6日　撮影：荻原二郎

神戸高速鉄道の開業にともない電鉄兵庫駅と西代駅間の路線が廃止され、神戸側のターミナル駅だった電鉄兵庫駅は昭和43年4月6日に最終日を迎えた。写真は最終日当日の様子で、駅舎には阪急・阪神との相互乗り入れを広告する看板が立つ。◎電鉄兵庫　昭和43年4月6日　撮影：荻原二郎

3扉車でラッシュ時の普通に役立った300形。しかし、旧型車から機器を移した車両のため乗り心地は良くなかった。◎長田　昭和43年４月６日　撮影：荻原二郎

電鉄兵庫駅は頭端式ホームで、４面のプラットホームを持つ堂々たるターミナル駅だった。左から700形、250形、3000系と、歴代の新旧電車が並ぶ。駅舎を出ると神戸市電の兵庫駅電停があり、神戸側の交通の要所でもあった。◎電鉄兵庫　昭和40年３月３日　撮影：荻原二郎

瀬戸内海を背景に須磨浦公園駅に進入する2000系。半流線形非貫通で優美な車両で、車内の座席も低座面構造で乗り心地が良く、最新型の5030系まで低座面は引き継がれている。先頭の2000は、2000系第一陣として登場したトップナンバー。◎昭和56年7月　撮影：岩堀春夫

2000系は、特急用の電車として昭和31年から38年にかけて製造された形式で、写真の2011はタイプⅢと呼ばれるステンレス製の2扉車。赤帯を2本巻き、赤は後に山陽電鉄のコーポレートカラーとなる。撮影は昭和62年で、タイプⅢは2年後に廃車されてしまった。◎須磨浦公園～電鉄塩屋　昭和62年6月23日　撮影：岩堀春夫

山陽電気鉄道の歴史 播磨と神戸を結び、梅田へ直通する

　兵庫電気軌道によって1917（大正6）年に全通した兵庫～明石間と神戸姫路電気鉄道が1923（大正12）年に開業した明石駅前（現 山陽明石）～姫路駅前（現 山陽姫路）間の2社2路線が、現在の本線の元になる。ただし、兵庫電気軌道は、路面電車と変わらぬ車両が走る軌道線で、一方の神戸姫路電気鉄道は、都市間高速電気鉄道（インターアーバン）を意識した地方鉄道法による鉄道であり、兵庫電気軌道が600V、神戸姫路電気鉄道は1500Vという具合に、架線電圧も異なっていた。

　このような状況の中、1927（昭和2）年に電力会社の宇治川電気が両社を合併。直通運転を行うために、まず旧神戸姫路電気鉄道の線路を付け替え、同鉄道の明石駅前駅を廃止して旧兵庫電気軌道の駅に統合（後に今度は、旧兵庫電気軌道の線路を付け替えて、旧同軌道の駅を廃止して、旧神戸姫路電気鉄道の明石駅前駅跡地に新ターミナル駅を設置）。さらに、車体規格を旧兵庫電気軌道に合わせた新造車を導入し、当時はまだ珍しかった複電圧に対応した電車を登場させ、兵庫～姫路間の直通運転を実施した。その後1933（昭和8）年に宇治川電気から電鉄部門が分離し、山陽電気鉄道が設立され、1934（昭和9）年には兵庫～姫路間で特急の運転を開始。戦時色が濃くなると、沿線には軍需工場が進出し、日本製鐵広畑製鐵所への通勤路線として1940（昭和15）年に網干線が開業。翌年には電鉄網干（現・山陽網干）駅まで全通した。

　戦時中には、沿線に軍需工場が多かったことから多くの車両が被災し、また大型台風の影響もあって、戦後は車両不足に悩んだ。そのような中で導入されたのが、戦後運輸省から割り当てられた63系電車で、小型車ばかりだった山陽電気鉄道にとっては、苦心して大型車の運行にこぎつけた。このことが、後に同鉄道の大型車化を推進し、高速化へ向けて大きく前進することになる。1948（昭和23）年から翌年にかけて製造された800形820番台は、転換クロスシートを備え、日本の私鉄の中で第二次世界大戦後に初めて登場したロマンスカーとして知られる。1948（昭和23）年には、念願だった架線電圧600V区間の昇圧を完成。電鉄兵庫～電鉄明石間が1500Vに統一され、全線で1500Vによる運転が可能になった。

　1968（昭和43）年には神戸高速鉄道が開業。阪神・阪急との相互直通運転を開始し、神戸市の中心地三宮と結ばれた。そして、電鉄兵庫～西代間が廃止され、長い間神戸側のターミナル駅だった電鉄兵庫駅が姿を消した。1998（平成10）年、阪神梅田～山陽姫路間に直通特急がデビュー。それまでの直通運転先は阪神大石駅までで、山陽電気鉄道～梅田間を乗り換えなしで行けるようになった。一方、同時に阪急との相互直通運転が中止され、山陽電気鉄道の片乗り入れとなり、阪急六甲駅までの直通運転が中止された。2007（平成19）年には、兵庫電気軌道の設立から数えて創立100周年を迎えている。

特急運転は、昭和24年に再開され、転換クロスシートを備えた820・850形が登場。日本の私鉄電車の中で太平洋戦争後に初めて登場したロマンスカーとして知られる。写真は昭和30年に撮影された貴重なカラー写真。赤文字の特急表示が誇らしげである。◎電鉄垂水　昭和30年5月4日　撮影：荻原二郎

820形は2扉で元特急用車両。写真は格下げされ、270形（写真奥）＋820形の3両編成で走る姿。◎舞子公園　昭和47年5月9日　撮影：荻原二郎

3000系の特急阪急六甲行。昭和43年の神戸高速鉄道開業によって阪急六甲駅まで乗り入れた。現在は六甲駅までの営業運転は行っていない。◎舞子公園　昭和62年6月　撮影：安田就視

明石海峡大橋を望む瀬戸内海に沿って走る山陽電鉄。車両は新塗色になってからのもの。◎山陽垂水～霞ヶ丘　平成10年11月13日　撮影：安田就視

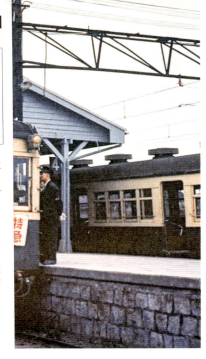

820・850形は、明るい濃紺とクリームのツートンカラーだった。併用軌道を走るために側面窓下に保護棒が付いている。826以下2連の特急が写るが、この頃になると特急運用の中心は新型車両へと移行し、特急用から格下げされる車両も出始めた。すでにロングシート化や先頭車の貫通扉化を施した仲間も居た。◎電鉄明石　昭和36年11月28日　撮影：荻原二郎

3050系の特急阪急六甲行。3050系は、初めから冷房装置を取り付けた系列。山陽電鉄沿線には潮干狩場が点在し、写真の3050系には潮干狩場へのアクセスをPRする「Let's 貝とり!」のヘッドマークが掲げられている。◎八家　昭和61年6月1日　撮影：岩堀春夫

3000系の1次車で、アルミニウム合金製の車体。先頭の3000形3002は昭和40年に竣工した車両。撮影された当時はまだ非冷房車だった。写真は、阪急電鉄六甲駅まで乗り入れていた時代で、種別幕に「特急」、方向幕に「阪急六甲」の文字が見える。平成10年に阪急電鉄六甲駅までの乗り入れ運転が中止され、同時に「特急 阪急六甲行」も姿を消した。◎西舞子～舞子公園　昭和61年12月3日　撮影：岩堀春夫

昭和61年にデビューした5000系も、昭和生まれの車両と言えるだろう。久々に登場した新系列車両で、しかもセミクロスシート車での新製だったため、相当話題を呼んだ。◎尾上の松〜高砂　平成10年11月11日　撮影：安田就視

尾上の松〜電鉄高砂間の加古川橋梁を渡る旧塗色時代の3000系。青とクリームのツートンカラーは、昭和の山陽電鉄を連想させる。◎加古川橋梁　昭和55年9月　撮影：安田就視

法華山谷川を渡るアルミ車体の3000系。◎伊保〜荒井　平成10年11月11日　撮影：安田就視

加古川橋梁では国鉄高砂線と並んだ。同線には国鉄高砂工場があり、写真のような回送列車も見られた。◎尾上の松〜電鉄高砂　昭和56年12月15日　撮影：安田就視

網干線の夢前川を渡る3000系。夢前川と書いて「ゆめさきがわ」と読む。◎夢前川〜西飾磨　平成10年11月12日　撮影：安田就視

網干線の終点電鉄網干駅。写る電車は、2000系3扉ロングシート車の車体を載せた2700系。◎電鉄網干　昭和48年12月5日　撮影：安田就視

今はなき車両が交換する風景。左の2300系は、2700系の古くなった機器を更新した高性能車。右の270形は低い座面でゆったりしたロングシートを備えていた。◎電鉄天満　昭和61年4月　撮影：安田就視

200形3扉車の2連が市川を渡る。200形は優美なスタイルで人気があった。◎妻鹿〜電鉄飾磨　昭和39年8月10日　撮影：安田就視

阪神 本線の歴史② ターミナルの変遷、路線改良、大型高性能車の登場

　阪神の躍進にターミナル駅の変遷も大きな役割を果たした。先述のとおり、開業の翌年にあたる1906（明治39）年には、出入橋〜梅田間に仮線を敷設して梅田へ乗り入れ、1914（大正3）年には仮線の複線化とともに梅田のターミナル駅が本格的に登場した。一方、神戸側のターミナル駅は、当初は神戸の雲井通にあったが、1912（大正元）年に当時の中心市街地（現在の元町駅界隈）に近い滝道へ延伸してターミナル駅とした。

　こうしたターミナル駅の移転によって便利になった阪神だが、御影付近や神戸市内の併用軌道を早期に専用軌道化し、阪神間の所要時分を短縮する命題が残っていた。御影付近の高架化は、1924（大正13）年に決定した後、用地買収等の諸問題をクリアして、約2年の工事で1929（昭和4）年に開業した。この効果によって、阪神間の所要時分は短縮され、急行は48分で結ぶことになった。続いて阪神は、神戸市内の併用軌道を高架化し、新しい神戸の中心市街地として整備されていた三宮へ乗り入れを計画したが、高架による建設は街を隔てるという理由で神戸市側が反対し、結局地下線で建設を進めた。阪急神戸線は反対を押し切るような形で三宮まで高架で建設したが、阪神としては三宮へ早く乗り入れを実現したほうが得策だと判断し、高架線に拘らず、地下線の早期建設を進め、晴れて1933（昭和8）年に三宮乗り入れを果たした。1931年に国鉄三ノ宮駅が現在の元町駅の位置から現在地へ移転したばかりで、新時代の神戸の中心地に、新しい神戸側のターミナル駅が誕生した。それにあわせて、開業以来初の特急の運転を開始し、梅田〜三宮間を35分で駆け抜けた。1936（昭和11）年には、国鉄三ノ宮駅移転後も中心繁華街の地位を保っていた元町へ地下線を延伸開業し、「大阪の中心から神戸の中心へまたずにのれる」という広告が街を舞い、阪急神戸線の神戸駅（三宮）開業よりも14日早い出来事だった。元町延伸には、将来湊川まで延伸する計画も作用していた。

　大阪のターミナル梅田駅も、大阪市営地下鉄御堂筋線に近い地下へ駅を移転させる建設を進め、1936（昭和11）年に着工の後、1939（昭和14）年に開業した。長編成にも対応できる5本のプラットホームを備え、「地底の宮殿」とまで謳われた壮麗なターミナル駅が誕生した。

　終戦後の阪神は、戦災にあった土地を買収し、カーブが連続する区間の改良に取り掛かる。1946（昭和21）年から約2年の工事で「七曲り」と呼ばれた福島駅付近の約800mのカーブを解消、大石〜新在家間のカーブ改良を経て、1954（昭和29）年までに大物カーブの改良も行った。同年には、阪神の大型高性能車の幕開けを飾った特急用3011形がデビュー。当初は梅田〜三宮間をノンストップで運転し、25分の俊足で結んだ。これは当時、阪急神戸線の特急よりも早く、元から直線的に敷設された阪急神戸線とくらべると、まさに阪神が打ち立てた金字塔と言える。その後、特急・急行用「赤胴車」の登場や高加減速性能を備えた各停用ジェットカー「青胴車」の活躍といった具合に、小型の旧性能車から大型高性能車の時代へと移り変わり、加えて、各所の立体化による踏切レスの効果や神戸高速鉄道開業による山陽電気鉄道への乗り入れなど、今日の阪神本線に至る基盤が築かれた。

第Ⅱ部
モノクロームの情景

◎大石　昭和43年4月7日　撮影：荻原二郎

地下の梅田駅に停車する801形の急行。大正15年に401形として製造され、専用軌道での高速運転を目的に登場した。前面5枚窓の風貌が特徴で、大型車の「赤胴車」登場後も、高速運転が可能な性能を活かして、急行などで活躍を続けた。◎昭和34年12月6日 撮影：高橋 弘

梅田（うめだ）
阪神本線

阪神梅田駅で発車を待つ特急新開地行。正面左に付くヘッドマークは「うずしお」。特別仕立ての臨時列車ではなく通常の列車で、鳴門の渦潮観潮を目的とする乗客のために、神戸港から出航する四国行の船と連絡する電車に「うずしお」のマークが取り付けられた。写真の3501形は「赤胴車」と呼ばれた最初の形式である。◎昭和50年4月2日 撮影：岩堀春夫

福島
阪神本線

地上時代の福島のカーブを駆ける晩年の「ジェットシルバー」。初代5001形とともにジェットカー初期の車両であるため、冷房化改造の対象から外され、撮影された年の3月に廃車された。当時沿線では、最後の「ジェットシルバー」の活躍をカメラに収めようとするファンの姿があちらこちらで見られた。◎昭和52年1月22日 撮影：岩堀春夫

地上時代の福島駅付近の様子。写真は大阪環状線の福島駅のホームから撮影されたもの。平成5年に梅田〜野田間の大半が地下化され、途中の福島駅も少し移動して地下駅になった。この付近では、平成に入っても写真とさほど変わらない地上線の風景が見られた。◎昭和52年1月22日 撮影：岩堀春夫

野田付近を走るツートンカラーの881形ほか。昭和22年ごろから数年間ほど、窓周りをクリームイエローに塗装した車両が走った。終戦後の厳しい時代に、ひと時の彩りを見せていた。◎昭和26年7月23日　撮影：高橋弘

野田（のだ）
阪神本線

昭和36年に高架線が完成し、駅も高架駅になった。地上時代は、併用軌道線の野田駅と線路が繋がっていたが、本線の高架化で分断された。写真中央付近に円形の郵便ポストが立つのが昭和らしい。阪神本線の高架下にあった併用軌道線の野田駅は、国道線と北大阪線の接続駅だったが、両線の廃止にともない昭和50年に幕を閉じた。◎昭和41年3月14日　撮影：荻原二郎

かつては赤胴車の一大勢力だった7801・7901形が高架を走る。◎姫島　昭和60年6月8日　撮影：岩堀春夫

姫島（ひめじま）阪神本線

"ボンカレー"と呼ばれた区間特急

　現在も、平日の朝ラッシュ時に梅田行のみが運転される区間特急。登場は1981（昭和56）年で、当初は写真のような「特 梅田行」という標識板を付けていた。この標識板のデザインが、まるでレトルトカレーのパッケージのようで、「ボンカレー」と呼ぶ人たちが居た。正確には「ボンカレー」というよりも、1978（昭和53）年に発売された「ボンカレーゴールド」のイメージで、「おいしさ三重丸」を意味するパッケージからそう連想された。このような標識板になったのは、「特急」と停車駅が異なるためで、誤乗対策だったと思われる。

　「ボンカレー」と言えば、松山容子のホーロー看板が有名で、いかにも昭和に付けられた特急のあだ名だと思うが、そう呼ばれた本元の「ボンカレーゴールド」は、巨人の王貞治選手がCMに出演し、阪神タイガースの親会社が運行する電車のあだ名としてはやや複雑な心境のファンも居たことだろう・・・。

　意外に区間特急＝ボンカレーという話は、書籍やネットでもあまり記述が見られず、知る人ぞ知る存在だと感じる。それは、平日朝のラッシュ時のみしか走らず、しかもこの「ボンカレー」マークはそう長くはなかったからだと思われる。その後「区間特急 梅田行」という文字だけの標識板になり、さらに方向幕が登場すると、標識板自体が姿を消した。昭和のひとときに存在した昭和らしいニックネームの標識板だった。

◎香枦園〜西宮　昭和62年6月11日　撮影：岩堀春夫

杭瀬（くいせ）
阪神本線

前面左に円形のヘッドマークが見られる。これは、渦巻き柄の「うずしお」のヘッドマークで、鳴門海峡の渦潮を観潮するために神戸港から四国へ向かう船と連絡する電車に付けられていた。ただし、元町駅と神戸港は離れているので、電車を降りてすぐに乗船できるわけではなかった。◎昭和45年7月5日　撮影：山本雅生

杭瀬のカーブを駆け上がるジェットカーの量産車5201形。まだ地上時代の写真で、このあたりは昭和53年に高架化された。この姫島〜大物間の高架化にともない杭瀬駅はカーブ上にある高架駅となった。◎昭和45年7月5日　撮影：山本雅生

3601・3701形は、電動車と付随車によるM＋T編成で製造され、全電動車編成から脱皮した形式。写真はすでに昇圧後で、冷房化改造前の姿。高度経済成長期の沿線では人口増加が激しく、旧来の小型車に代わる3601・3701形の登場で急行系の輸送力が大幅に改善された。杭瀬駅は急行通過駅。カーブを描きながら颯爽と通過するシーンが思い浮かぶ。◎昭和43年5月19日　撮影：山本雅生

大物
だいもつ
阪神本線

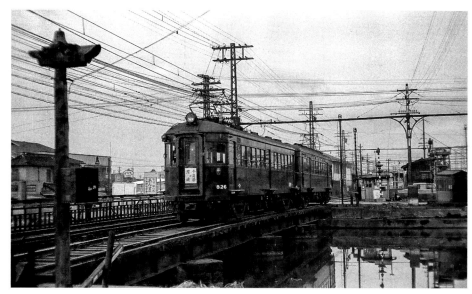

801形が走る路線は伝法線で、尼崎〜千鳥橋間の折り返し運転を行っている。現在は阪神なんば線になっており、隔世の感がある。◎大物　昭和34年12月6日　撮影：高橋 弘

優等列車用に製造された名手の新旧が大物で並ぶ。左側の伝法線は小型車の801形、一方、右側の本線には新鋭の3501形急行。茶色の小型旧性能車と赤胴車の大型高性能車が並んだ時代の移り変わりを捉えた1枚。◎昭和34年12月6日　撮影：高橋 弘

7801形の2次車を先頭にした回送電車が写る。この頃の急行系車両はすでに冷房化が完了していた。大物と書いて「だいもつ」。「平家物語」に大物浦として登場する古い地名である。写真右側では高架の工事中。およそ1年後の昭和53年に高架化された。写真では小さくて見えにくいが、踏切付近に軌道内立入禁止の立札がある。軌道法による軌道から地方鉄道法による鉄道になったのが、昭和52年12月のことだった。◎昭和52年2月15日　撮影：岩堀春夫

尼崎 あまがさき

阪神本線　阪神西大阪線

701形（当初は901形）は、大正時代製造の木造車両291形を昭和7年に鋼体化改造した車両。3枚窓非貫通の両運転台車で、3枚窓のうち中間の窓枠が上に出ている。加速や高速性能をさほど求められない伝法線や尼崎海岸線を主な活躍の場とした。大型車の導入でプラットホームの幅などが改良されたため、乗降時の安全対策で着脱式ステップが付いていた。昭和34年に営業用の701形は全車廃車され、写真の708も前年に廃車された。◎尼崎車庫　昭和29年3月　撮影：鹿島雅美

881形899を含めた5連で走る急行。881形は、851形以来の貫通扉が印象的で、天地近くまで達するガラスが入り、手すりが斜めに付いたモダンな折戸だった。その優美な姿から「喫茶店」と呼ばれて人気が高かった。さらに、運転台を左側に寄せた半室運転台のため、貫通扉や右側から展望を楽しむことができた。◎昭和34年12月6日　撮影：高橋 弘

試運転マークを掲げたジェットカー試作車の初代5001形。湘南窓や丸みのあるボディは当時の流行を採り入れたもの。昭和33年撮影とあり、製造後間もないころの姿である。◎昭和33年7月　撮影：亀井一男

昭和35年9月のダイヤ改正で特急に本格投入されるまでは、急行を中心に運用された3501形。車両の大型化によって、従来の小型車にくらべて大幅な輸送力増強を果たし、特にラッシュ時に威力を発揮した。赤胴車とは、漫画の「赤胴鈴之助」に由来している。◎昭和34年12月6日　撮影：高橋 弘

かつては3・4番線が本線下りホームで、右が西大阪線ホームだった。現在、旧本線下りホームに相当する位置に阪神なんば線下りホーム、旧西大阪線ホームの位置に本線下りホームがある。
◎昭和41年2月1日　撮影：山本雅生

県立尼崎病院の屋上から撮影した尼崎駅（写真左）と周辺。病院はその後移転して、現在は中央図書館や公園になっている。尼崎駅のホームの高架化は昭和38年に完了した。
◎昭和50年1月30日　撮影：岩堀春夫

当時の県立尼崎病院の屋上から撮影した尼崎車庫。現在病院は移転してここには存在しないが、かつては病院屋上から車庫を垣間見ることができた。尼崎車庫は、阪神電鉄尼崎工場が隣接する広大な車庫。写真左側に少し写るのは、明治34年に竣工した煉瓦造りの旧阪神尼崎発電所（火力発電所）で現存する。ここで発電した電気で開業当時の阪神電車は動いていた。◎昭和50年1月30日　撮影：岩堀春夫

出屋敷
でやしき
阪神本線

湘南型の前面を持つジェットカーの試作車5001形と戦前に鋼体化改造された1101形1108が出屋敷駅で並ぶ。5001形は、緑とクリームの塗り分けで、茶色の1101形とは対照的。前面のほかに側面にも緑を多く使った5001形は、「アマガエル」と呼ばれて親しまれた。高加減速運転による乗客の転倒を緩和するため、ロングシートばかりではなく、小ぶりなクロスシートも備えていたことも特徴だ。◎昭和34年12月6日　撮影：高橋弘

大型高性能車3011形の特急が通過する。梅田〜三宮ノンストップで運転を開始した特急だったが、写真当時は西宮、芦屋、御影に途中停車し、4連が中心だった。隣のホームには海岸線方面のりかえの案内が立ち、71形の姿が見える。71形は側面の窓が大きなことから、金魚鉢と呼ばれて親しまれた。
◎昭和36年5月2日　撮影：荻原二郎

尼崎センタープール前
あまがさきせんたーぷーるまえ
阪神本線

出屋敷〜尼崎センタープール前間の蓬川を渡る3011形の特急。当時流行した湘南型の前面や丸みを帯びたスマートな車両を一目見ようと訪れた少年たちも多かっただろう。現在は高架化され、風景が一変している。◎昭和37年12月13日　撮影：高橋 弘

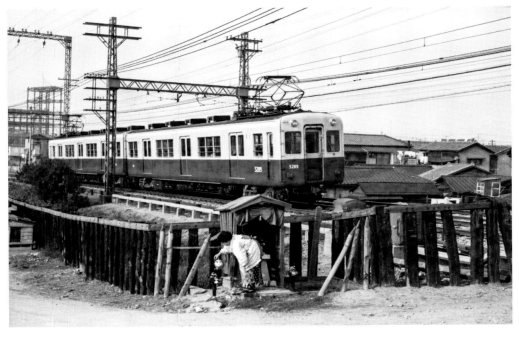

ジェットカーの5201形が地上時代の尼崎センタープール前駅付近を走る。このころはまだ2両編成だった。当時の同駅は臨時駅で、撮影された翌年の昭和38年に常設の駅に昇格した。このあたりも高架化で風景は様変わりした。◎昭和37年12月13日　撮影：高橋 弘

鳴尾（なるお）
阪神本線

現在このあたりでは、武庫川駅〜甲子園駅間の連続立体交差の工事が進行している。写真に写る背の高いビルは兵庫医大で、木々のそばには日本住宅公団の住宅が並ぶ。武庫川〜鳴尾間は、駅の近くを除いて高い建物が比較的少なく、住宅地として適している。連続立体交差の工事が完成して高架化すれば、踏切も無くなり、このあたりの雰囲気も変わることだろう。◎昭和52年1月22日　撮影：岩堀春夫

引退をひかえて最後の冬を走るジェットシルバー。5201＋5202のコンビで走り、多くのファンに愛された。この後2ケ月後に廃車を迎えている。◎昭和52年1月9日　撮影：岩堀春夫

3501形3519が先頭に立ち、特急梅田行で活躍する。高性能ロングシート3扉車として活躍を続けてきた3501形だったが、しだいに保守に手間の掛かる直角カルダン駆動が敬遠されがちになり、昭和60年代以降、8000系へ置き換えられて廃車された。◎昭和56年12月6日　撮影：岩堀春夫

甲子園（こうしえん）
阪神本線

今津（いまづ）
阪神本線

鳴門の渦潮をイメージした「うずしお」のヘッドマークが付く特急東須磨行。神戸港からの船に連絡する電車に付くマークだったので、神戸港が近い元町駅でマークは外され、梅田行には付かなかった。◎昭和51年6月6日　撮影：岩堀春夫

阪神本線と阪急今津線の駅が横並びだった当時の今津駅。阪神と阪急の切符うりばが向かい合う珍しい駅だった。ちなみに阪神のホームと阪急のホームは寄り添いつつも柵で仕切られていた。駅舎正面の阪神パークの看板が懐かしい。現在この地は阪神の駅のみで高架駅に。阪急の駅は近くに移転して、こちらも高架駅になっている。◎昭和36年5月2日　撮影：荻原二郎

市道が横切る今津駅近くの踏切。青胴車の5201形に踏切待ちをするライトバンやトレンチコートの男性が写り、いかにも昭和という雰囲気。写真右側に写る踏切警報機に「自動遮断機」の案内板がある。踏切は、平成13年に完成した今津駅の高架化によって姿を消したが、立体交差率の高い阪神にあって比較的長く存続した踏切だった。◎昭和52年1月9日　撮影：岩堀春夫

写真の当時、阪急の今津駅は現在の高架駅の1階部分（200m北側）へすでに移設され、阪神の今津駅はホームを変更して地上で営業をしていた。写真左端がかつての阪神・阪急のプラットホーム跡。阪神の今津駅は、平成10年に下り線を高架化し、平成13年に完全高架化された。◎平成9年10月　撮影：山本雅生

雪の日の特急の先頭に立つ7801形7828。屋根やベンチレターにも雪が付着する。昭和51年12月から昭和52年2月までは、五二豪雪と呼ばれて記録に残る大雪で、通常は降雪の少ない阪神地区もその影響を受けた。◎昭和52年2月10日　撮影：岩堀春夫

梅田側から見た地上駅時代の今津駅。左が阪神本線、右が阪急今津線で、阪急は右から降車ホーム、乗車ホームの順にあり、金網で仕切って阪神ホームがあった。阪急はホームを隔てた奥の先から急カーブで宝塚方面へ向かった。当時はまだ西宮北口駅に神戸線との平面交差が残り、西宮北口駅で今津線が分断される前で、阪急車の方向板に宝塚の文字が見える。◎昭和51年4月5日　撮影：岩堀春夫

西宮東口
阪神本線

子どもたちが元気に西宮東口駅の踏切を渡る。写真に写る子どもたちは現在40歳代半ばだろう。西宮東口駅は、高架化にともない平成13年に西宮駅と統合され廃止された。◎昭和55年8月31日　撮影：岩堀春夫

西宮
阪神本線

801形は、併用軌道の専用軌道化を推し進める中で、阪神初のステップレス車両として大正15年に登場し、当初は401形を名乗った。戦前の花形特急として、阪神・阪急・国鉄（省線）の間で競争を繰り広げた名車である。写真は、戦後も特急運用で活躍していた頃で、大型車導入を機にステップを取り付ける前の古き良き時代をしのばせる。
◎西宮付近　昭和20年代　撮影：高田隆雄

「ジェットシルバー」の5201+5202を後ろに連結して踏切を走り去るところ。試作的なスキンステンレス車体をもち、ファン垂涎の的だったが、昭和52年3月に廃車なってしまった。写真は廃車2カ月前の姿。◎西宮　昭和52年1月9日　撮影：岩堀春夫

阪神電鉄の主要駅のひとつ西宮駅。写真は地上時代で、7801形7831を先頭とした特急梅田行が到着したところ。7831は7801形の1次車で、簡素化された切妻の前面が特徴。撮影当時はまだまだ現役だった1次車だが、平成元年から1次車の廃車が始まり、平成8年には全廃された。◎昭和61年2月22日　撮影：岩堀春夫

香枦園 こうろえん
阪神本線

地上時代のプラットホーム。現在の高架のプラットホームとは異なり、どこかのんびりした雰囲気。ホームの下を流れる夙川は、高架駅の今より近かった。現在の高架駅には、夙川を望むテラスが設置されている。◎香枦園 昭和50年8月15日 撮影：岩堀春夫

プラットホーム上屋の中ほどにあった旧字体の香櫨園の装飾。開業以来改称されるまで駅名は香枦園で、地上時代の駅名はずっと香枦園だったが、由緒正しい香櫨園を示し続けた貴重な存在であった。◎昭和50年8月15日 撮影：岩堀春夫

香櫨園駅は、平成13年の高架化時に香枦園から香櫨園と駅名を改称した。これは、かつて存在した遊園地「香櫨園」に由来するもの。駅は夙川の上にあり、周辺は古くからの高級邸宅街。旧駅舎は明治時代の雰囲気を残す木造駅舎で親しまれた。写真は神戸方面のりばの駅舎。趣のある売店にはオロナミンCの箱が積んである。◎昭和50年8月15日 撮影：岩堀春夫

木枠の窓が懐かしい大阪方面のりばの売店。新聞や雑誌がずらりと並んだカウンターやロッテのガムの棚、その上には「釣の友」という雑誌が吊り下げられ、公衆電話に雪印の木箱と、昭和ムード満点の売店だった。◎香枦園 昭和50年8月15日 撮影：岩堀春夫

5201形の中でも独特な存在だった「ジェットシルバー」。ステンレスの外板を使ったスキンステンレス車体で、軽量化や保守費用の低減などを目的に試験的に製造され、以後の製造車両では採用されなかった。それゆえ、結局は5201と5202のみで、ファン垂涎の車両として人気があった。◎昭和46年6月 撮影：高橋 弘

大阪方面のりばの駅舎。たばこの看板の向うに見える公衆電話・電報の看板が今や懐かしい。屋根の下ののりば案内は、大阪と大きく書かれ、その下に梅田、西九条方面のりばと記されている。神戸方面のりばも同じ手法で、神戸と大きく示され、その下に三宮・須磨方面のりばと書かれている。◎香枦園 昭和50年8月15日 撮影：岩堀春夫

打出(うちで)
阪神本線

前面5枚窓の風貌が印象的だった801形。大正15年製の小型車ながら、大型高性能車の投入後も急行をはじめとした運用で活躍し、車両の大型化が進む中でステップを取り付けて運行が続いた。しかし、昭和38年から廃車が始まり、翌年の昭和39年には全車が廃車され、伝説の車両は消え去った。◎打出 昭和30年代 撮影:中西進一郎

芦屋(あしや)
阪神本線

ベージュとアズキ色のツートンカラーで梅田〜三宮をノンストップ25分で駆け抜けた3011形の特急。直角カルダン駆動方式を採用し、当時の国鉄二等車レベルのクロスシートを備え、国鉄や阪急に溝を開けられていた乗客数を大きく伸ばした。前面2枚窓や丸みを帯びたデザインは、当時の流行を取り入れ、まさに阪神の車両史を代表する名車だ。◎芦屋 昭和34年1月2日 撮影:高橋 弘

住吉(すみよし)
阪神本線

新型時代の3601形3605を先頭に走る特急。3601形が制御電動車、3701形が制御車で、これまでの全電動車方式とは異なり、急行系車両のMc、Tc化が実現した。写真はまだ架線電圧600Vの時代で、後に1500Vに昇圧されて神戸高速鉄道乗り入れや山陽電気鉄道との直通を行うが、3601形と3701形は元から1500Vの昇圧を予定して製造された。◎住吉 昭和37年2月13日 撮影:高橋 弘

御影（みかげ）
阪神本線

861形は昭和12年製で、851形に続いて登場。「喫茶店」の名に相応しい前面形状やノンリベット化によるスマートな車体は、戦前期の最高水準で設計された風格とモダニズムが漂う。台車には、高級なスウェーデン製のローラーベアリングが使用され、ゆったりサイズのロングシートとともに走行・乗り心地のレベルが高く、関西私鉄を代表する名車として特急や急行で活躍した。◎撮影：亀井一男

石屋川（いしやがわ）
阪神本線

牧歌的な風景だった当時の石屋川付近を走る小型車の急行。「喫茶店」と呼ばれた前面が特徴の851形が走る。851形は昭和11年製で、861形とは兄弟のような存在だ。ちなみに、3扉車を持つ831形にも「喫茶店」の前面を持つ車両があったが、これは、被災車を復旧した際に前面を取り換えたからである。◎昭和38年3月　撮影：中西進一郎

新在家（しんざいけ）
阪神本線

ジェットシルバーが駆け抜ける。阪神沿線の風景は現在ではかなり変わっている。
◎昭和38年　撮影：中西進一郎

小型車が長く活躍した阪神

　6連で6つのパンタグラフを上げて走る急行など、昭和30年代ごろまでの阪神と言えば小型車が活躍したことで知られる。他大手私鉄では、輸送力増強のために早くに小型車から大型車への置き換えを進めていたが、阪神では1954（昭和29）年に初の大型車となる3011形を登場させた後も、小型車が多く活躍を続けた。梅田の地下駅が完成するより前の、1924（大正13）年に開業した伝法線（のち西大阪線→阪神なんば線）や1933（昭和8）年に開通した神戸市内の地下線では、すでに車両の大型化を見越した規格になっていたにも関わらず、阪神ではなかなか大型車への転換が進まなかった。この理由として、三宮延伸を優先し、「喫茶店」で知られる851形計画時の大型車両化を施設改良に時間が掛かるため見送ったこと、小型車ながら性能が良いものが多かったこと、小型車は運転台付の動力車で付随車がなく、輸送量に応じた編成を組みやすく、大型車よりも1両の輸送量が少ない分、逆に乗客数に適した両数にしやすいメリットがあったことが思い浮かぶ。運転頻度の高さを特徴とする阪神では、高度経済成長期で急激な人口増加が訪れるまでは、そのほうが得策だったとも考えられるのだ。

岩屋（いわや） 阪神本線

島式ホーム1面時代の岩屋駅。現在の駅は方向別に単式ホームを設け、ホームは2つとも北側に面する特殊な形になっている。つまり対向式ホームではない。◎撮影：山本雅生

三宮（さんのみや） 阪神本線

阪神三宮駅への地下出入口が写真左側に写る。一方、国鉄三ノ宮駅の駅舎には新快速の看板、この新快速の登場で、阪神間の乗客獲得競争に再び国鉄が名乗りを上げた。高架ホームに写るEF58も懐かしい。◎昭和49年4月29日　撮影：岩堀春夫

元町（もとまち） 阪神本線

阪神の元町駅は地下、国鉄元町駅は地上という構造は、阪神とJRの時代になっても同じ。
◎昭和年29月9月19日　撮影：和気隆三

尼崎～千鳥橋間で折り返し運転をする伝法線の701形。ホーム案内板の伝の字が古い。701形は大正時代の木造車を鋼体化した車両で、主に支線で活躍した。伝法線は、後に西大阪線に改称され西九条まで延伸。現在の阪神なんば線の一部である。◎昭和29年10月　撮影：園田正雄

西大阪線
にしおおさかせん

851形851+881形902の2連が淀川を渡る。851形や881形の貫通扉は縦に長い大型ガラスを侹用し、斜めに手すりが付くモダンなデザインで、その姿から「喫茶店」と呼ばれて親しまれた。本線の急行や準急での活躍が知られるが、伝法線でも運用された。写真は着脱式ステップを付けて走る様子。その後伝法線は、昭和39年5月に西大阪線と改称され、千鳥橋～西九条間が延伸開業した。◎福～伝法　昭和39年3月13日　所蔵：フォト・パブリッシング

左側が西九条駅。写真は国鉄西九条駅から撮影。当時は高い建物がなく、このように見渡せた。冷房装置を備えた赤胴車の普通列車が走る。西大阪線では、普通列車でも冷房化された急行系車両が多く運用されていて、普通系車両の冷房化が進むまでは、西大阪線はそういう意味で「お得」な路線だった。◎昭和52年2月27日 撮影：岩堀春夫

阪神なんば線の歴史 40年越しの難波乗り入れを実現

　阪神なんば線のルーツは、1924（大正13）年に開業した伝法線に遡る。当初は大物～伝法間が開業し、同年8月に千鳥橋まで延長され、1928（昭和3）年末には尼崎～千鳥橋間の路線となった。この路線が敷設されたのは、戦前に計画された第二阪神線によるもので、本線をバイパスして輸送力増強を図るルート（尼崎～伝法～野田間）の一部として開業した。ただし、第二阪神線の計画が進まず、伝法線は結局支線に過ぎなかった。

　その後の路線延長は西九条へ計画変更されて1964（昭和39）年に開業。路線名は伝法線から西大阪線に変更され、難波へ乗り入れる足掛かりが築かれた。西大阪線開業の翌年には特急（西大阪線特急）も運行されるようになり、活性化の気配を見せたが、神戸の元町と直結する特急にも関わらず利用が低迷し、1974（昭和49）年には廃止されてしまった。やはり、大阪の中心地へ通じていないのが難点だった。

　阪神は難波延伸に向けて、まずは1967（昭和42）年に西九条～九条間を着工したが、延伸先の地元商店街などから客離れや街の分断化などを理由に猛烈な反対が起こり、結局は工事を中止せざるを得ない状況になった。以後1990年代後半に再び脚光を浴び始めるまで実に30年もの間、延伸の問題は封印されたような状態だった。阪神の西九条駅は大阪環状線を高架で跨いでいるため地上15mの高さにあり、途切れたままの延長線の姿がより異様な風景で残っていた。

　進展のなかった30年もの間、日本は高度経済成長からバブル崩壊、そして不況へと時代が移り変わり、強く反対していた地元も活性化のために態度を軟化させていた。また、1997（平成9）年には、難波延伸予定地近くに大阪ドーム（現 京セラドーム大阪）がオープンし、大阪ドームへ出資する大阪市も交えた第三セクター会社「西大阪高速鉄道」が2001（平成13）年に設立された。阪神、大阪市、大阪府などが出資し、建設や施設の保有を西大阪高速鉄道が行い、運営を阪神が行う上下分離方式の路線だ。2003（平成15）年に西九条～近鉄難波（当時）間の起工式が大阪ドームで行われ、ついに2009（平成21）年3月20日に開業を迎えた。西大阪線は阪神なんば線に、近鉄難波駅は大阪難波駅へそれぞれ改称され、阪神と近鉄の相互直通運転を開始し、神戸と難波のみならず、難波を介して神戸と奈良が1本の鉄道で結ばれた。

武庫川線
(むこがわせん)

本線(上)と交差する武庫川線。奥が武庫川線ホームで、手前は電車の折り返しや留置用の線路。右側にカーブする線路は本線との連絡線で、この線を使って本線の車庫から電車が回送される。回送時には、写真手前から駅とは反対に延びる折り返し線に入り、駅または本線へ向かう。現在も同様の構造だが、高架化で風景は変わるだろう。折り返し線はかつての武庫大橋方面への名残で、当時はさらに北側にも多くの線路が残っていた。◎昭和49年10月5日　撮影:岩堀春夫

阪神 武庫川線の歴史　軍事路線としてスタートした武庫川線

　武庫川線は、軍部の要請を受けて建設された路線で、戦時中の1943 (昭和18) 年に武庫川〜洲先間が開業した。当時の洲先駅は現在の位置とは異なり、1984 (昭和59) 年に開業した武庫川団地前駅あたりになる。戦時中のこの付近一帯では、軍需工場の川西航空機が操業しており、路線の敷設は従業員の通勤や資材輸送のためだった。追って、国道線と接続する武庫大橋と武庫川を結ぶ路線も開業し、さらに、東海道本線から国鉄貨車を使って洲先まで資材を輸送するために、国鉄の西ノ宮駅から武庫大橋までの間を開業 (甲子園口で分岐し、西ノ宮〜甲子園口間は国鉄線と並行)、国鉄が狭軌のため武庫大橋〜洲先間を三線軌条にした。ちなみに、西ノ宮〜武庫大橋間では旅客輸送は行われなかった。戦時中ということもあって突貫工事で建設されたものの、海軍の航空機を製造していた川西航空機は相当な空襲を受け、近くの洲先駅も被災した。

　戦後、1948 (昭和23) 年に武庫川〜洲先間で運行が再開され、洲先駅は元の位置から少し離れた場所に移転した。1984 (昭和59) 年には洲先駅を現在地へ移転し、開業時の洲先駅までの線路跡を利用して、武庫川団地前駅まで延伸開業した。一方、西ノ宮〜洲先間の貨物輸送は、戦後しばらく続いた後、1958 (昭和33) 年に休止され、1970 (昭和45) 年に廃止されている。また、戦後長い間休止状態だった武庫大橋〜武庫川間は1985 (昭和60) 年に廃止された。軍部の要請で敷設された路線は、現在は武庫川団地をはじめとした人々の通勤・通学路線として親しまれている。

終着駅だった当時の洲先駅。昭和23年の運行再開時にここに移転した。その後、昭和59年の武庫川団地前駅延伸時に現在地へ移転して途中駅になる。開業時の洲先駅は、さらに南側（写真手前の方向）に位置し、撮影当時は旧駅方面へ延びるレールやプラットホームが残っていた。◎昭和49年10月5日　撮影：岩堀春夫

現在位置とはやや異なるが、当時は終着駅だった洲先駅。電車はこの駅で折り返したが、その先には初代の洲先駅方面へ伸びる線路が残り、当時操業していた武庫川車両工業（阪神の車両などを製造）まで続いていた。残っていた線路は三線軌条で、軍需工場だった川西航空機へ資材を運んだ国鉄の貨物線をしのぶ存在だった。◎昭和49年10月5日　撮影：岩堀春夫

東鳴尾駅の毛筆体による古い駅名標。当時、隣の洲先駅は終着駅だった。昭和59年に武庫川団地前駅が開業し、洲先駅は途中駅に。武庫川団地前駅までの延伸にともない東鳴尾駅に列車交換設備が新設され、駅の雰囲気が変わった。◎昭和49年10月5日　撮影：岩堀春夫

尼崎海岸線
あまがさきかいがんせん

尼崎海岸線出屋敷～高洲間の行先表示を掲げた71形。右側のホームは本線との共用。かつては東浜まで路線が伸びていた尼崎海岸線だが、昭和26年に高洲～東浜間は休止され、撮影当時は1駅間のみを走る路線だった。高洲～東浜間は昭和35年に正式に廃止され、残った出屋敷～高洲間も昭和37年に廃止された。◎出屋敷　昭和34年12月6日　撮影：高橋 弘

高洲～東浜間は地盤沈下の影響で休止し、高洲で折り返した。並行する通りには、オート三輪が走り、電柱には「作業服は倉敷ビニロン」なる看板も見える。海岸線は工場で働く人の足としても利用されていた。◎高洲　昭和34年12月6日　撮影：高橋 弘

今津出屋敷線の一部として計画された尼崎海岸線には、複線分の用地が確保されていたが、今津出屋敷線は実現することなく単線のままだった。沿線には工場が多く、ノニギリ屋根の工場も見える。◎昭和34年12月6日　撮影：高橋 弘

尼崎海岸線の歴史　臨港地区を結ぶはずだった未成線の残像

　出屋敷駅から高洲駅までのひと駅だけの小さな路線という印象が強い尼崎海岸線。1951（昭和26）年に地盤沈下の影響で休止されるまでは、高洲駅から先の東浜駅まで運行されていたが、それでも短い枝線だった。堅実な阪神がなぜこのような路線を開業し、運行していたのかと不思議に思った人も多いことだろう。901形として本線用に登場した701形が使用された時代もあったが、末期は路面電車の71形「金魚鉢」が行ったり来たりするだけになり、住宅地や学校などが多く出来た国道線のような存在でもなく、都市間を結ぶインターアーバンでも勿論無かった。

　このような路線が存在したのは、実は戦前に計画された未成線の影響があり、もともと尼崎海岸線は今津出屋敷線という臨港地区を結ぶ壮大な計画線の一部だった。この計画は、尼崎から高洲、尼崎西南部に位置する前大浜、浜甲子園、中津浜を経由して今津に至る路線で、工場地域として発展しつつあった臨港部を結ぶものだった。その一歩として、1929（昭和4）年に尼崎側の出屋敷～東浜間が開業した。さらに戦時中には、武庫川線の当時の終点だった洲先と前大浜を結ぶ路線の建設が始まったが、やがて終戦を迎えて計画は頓挫した。

　その後、今津出屋敷線の計画は進まず、1960（昭和35）年には今津～中津浜間の特許が失効を迎え、この影響で1951（昭和26）年から休止していた尼崎海岸線の高洲～東浜間も再開されないまま廃止された。そして1962（昭和37）年末には、第二阪神国道建設のため、出屋敷～高洲間の廃止が決定。阪神にとって存在意義が薄くなった枝線は第二阪神国道と立体化されることなく姿を消した。

併用軌道線
へいようきどうせん

91形も側面窓が大きく「金魚鉢」と呼ばれた。ただ、201形と同じく角張った車体になっている。製造数は71形や210形よりも少なく少数派。阪神併用軌道線用の路面電車の集電装置は、Y字型ビューゲル（略してYゲル）を使用した。◎尼崎玉江橋　昭和31年6月27日　撮影：江本廣一

野田〜西宮間の行先表示を掲げた201形210が淀川大橋を渡る。側面窓の大きさが際立つ。201形も71形と同じく「金魚鉢」と呼ばれたが、流線形の71形に対して、201形は角張った車体が特徴だった。◎昭和40年1月2日　撮影：高橋弘

車に挟まれるように走る201形の206。優美な流線形の71形と同じ設計ながらも戦時中に製造されたため、71形にくらべて角張った車体で簡素化されているのが特徴。この頃は、渋滞でなかなか電車が先に進まず乗客離れが続いていた当時で、上甲子園より西では1時間に1本というような運転本数にまで減少していた。上甲子園より東側のこのあたりでも本数が減便されていたが、写真はラッシュ時なのか、多くの利用客で賑わっている。◎東大島　昭和48年7月19日　撮影：岩堀春夫

神戸市中心部から離れた位置にあった国道線の終点東神戸。2線の配線を持ち、野田寄りに両渡り線を備え、分岐器を扱う操車塔が建っていた。神戸市中心部へは、神戸市電が接続した。写真は昭和27年当時で、右側に写る車が時代を感じる。◎昭和27年9月12日　撮影：高橋弘

阪神国道線淀川大橋を渡る201形211。併用軌道用の架線や架線柱が続く風景。当時から国道2号の交通量は多かったが、写真を見ると今よりはのどかな感じがする。◎昭和40年1月2日　撮影：高橋弘

昭和41年当時の東神戸。昭和27年当時の写真と比べると、わずか14年ほどで街並みが近代化し、車は庶民の手が届くような車種になり、モータリゼーションの影響を受けていたことが感じられる。写真の翌々年にあたる昭和43年には、阪神国道線と接続した神戸市電東部国道線の廃止にともない脇浜町電停が姿を消し、翌年には国道線の西灘〜東神戸間も廃止された。◎昭和41年3月14日　撮影：荻原二郎

阪神国道線の車庫で、北大阪線・甲子園線の電車もこの車庫から出入庫した。国道線などの併用軌道線廃止後は、阪神浜田球場が建設され、阪神タイガース2軍の専用グランドとして使用。平成7年に阪神鳴尾浜球場が竣工し、そちらへ阪神タイガース2軍は移るが、現在も野球場として使用されている。◎浜田車庫　昭和47年4月　撮影：岩堀春夫

浜田車庫前電停から車庫へカーブする軌道が写る。浜田車庫は尼崎市にあった併用軌道線用の車庫で、国道線や甲子園線、北大阪線の電車が入出庫を繰り返した。◎昭和43年7月19日　撮影：岩堀春夫

甲子園駅東口側からの写真。阪神本線の下に甲子園線の甲子園駅があった。右に写るのは浜甲子園行。甲子園駅は併用軌道線の駅ながら、上下線ともにプラットホームを備えていた。◎昭和49年3月29日　撮影：岩堀春夫

写真奥は甲子園駅東口。右に阪神百貨店とあるが、ここに百貨店があるわけではなく広告看板。かつては近くに甲子園阪神パークやボーリング場があった。ちなみに平成26年現在、阪神百貨店の看板は姿を変えて現存、ボーリングが立っていた塔は、塔部分のみが残り、白く塗られている。◎昭和50年4月6日　撮影：岩堀春夫

野田・西宮戎の行先表示板が付く71形。昭和30年代中ごろの武庫川大橋付近で、のどかな風景の中に国道と国道線が伸びる。戦後の集電装置は、Yゲルと呼ばれたビューゲル集電になった。◎昭和35年5月　撮影：中西進一郎

併用軌道線の歴史 もうひとつの阪神を支えた路面電車　北大阪線、国道線、甲子園線

　阪神が一番初めに手がけた併用軌道線は北大阪線である。当時は未開発地域だった新淀川沿いの発展を見越して、その地に敷設される道路にも資金を捻出した。阪神関係者も多く参画して設立された北大阪電気軌道を1911（明治44）年に合併した阪神は、野田〜天神橋筋六丁目間を1914（大正3）年に開業した。

　一方、阪神間の併用軌道線は、大正末期になって動きが見られた。旧くからの阪神間の国道は、大正末期にはすでに相当な混雑ぶりを見せ、大阪府と兵庫県では新しい国道の建設を進めることになった。阪神は、別ルートで新しく建設される国道沿いの将来性に着目し、他社による並行路線を避けたいこともあって、新国道上に軌道を建設することを決定する。このため、道路幅が20m以上になり、阪神は国道建設費用の一部を負担した。新しく設立した阪神国道電軌によって、1927（昭和2）年に西野田（後の野田）〜神戸東口（後の東神戸）間が開業。阪神電気鉄道は、翌年に阪神国道電軌を合併し、阪神の国道線となる。

　開業当初の沿線はのどかな風景が広がっていたが、次第に工場や住宅などが建ち並び、乗客増の一途を辿った。戦前には、「金魚鉢」と呼ばれたモダンな路面電車を登場させ、輸送力の増強が図られた。戦時中も賑わいを見せ、阪神国道線の利用者は1950年代にピークを迎える。しかし、1960年代に入ると自動車の普及と混雑の影響で定時運行に支障をきたすようになり、乗客の数が減り続け、運転本数の削減を繰り返すまでに落ち込んだ。沿線自治体からも交通渋滞の原因として廃止を求める意見が寄せられ、阪神側も早くに廃止を決定してしまう。1969（昭和44）年に西灘〜東神戸間、1974（昭和49）年に上甲子園〜西灘間、残り全線を1975（昭和50）年5月に廃止した。

　併用軌道線の車庫は、国道線上にあったため、車庫と線路が分断される北大阪線や後述する甲子園線も1975年に同時に廃止されてしまった。両線ともに、国道線よりは乗客の減少が少なかったにも関わらず国道線と運命を共にした。

　甲子園線は、国道線の開業よりも1年早く、1926（大正15）年に甲子園〜浜甲子園間が開業した。沿線には阪神が手掛けた住宅地があり、本線と接続する甲子園駅と結ぶ目的もあった。1928（昭和3）年には上甲子園〜甲子園間も開業し、国道線ともつながり、1930（昭和5）年には浜甲子園から海岸に近い中津浜まで延伸した（この区間は1945年に休止、再開されないまま1973年廃止）。甲子園の一帯は、大正から昭和初期にかけて開発が進んだ一大レクリエーションゾーンで、1924（大正13）年に完成した甲子園球場を筆頭に、甲子園線沿線には遊園地や動物園、水族館などを備えた阪神パークなどもあった。さらに、浜甲子園周辺には、戦後に開発された浜甲子園団地もあり、甲子園線は住民の大切な足でもあった。

上甲子園国道線と甲子園線が接続していた上甲子園。国道線・甲子園線の運行最終日の様子。すでに前年には、上甲子園から西側の国道線が全線廃止されており、この駅が終着駅だった。写真前方を横切るのが国道線（国道2号線）。写る電車は上甲子園〜浜甲子園間の甲子園線の電車。甲子園線の沿線には阪神パークもあり、子どもにとっても大切な路線だった。折しも最終日はこどもの日で、たくさんの子どもの姿が見える。◎昭和50年5月5日　撮影：岩堀春夫

甲子園線の終点、浜甲子園。路面電車の停留場にしては珍しくプラットホームを備えていた。浜甲子園には、戦後に開発された「浜甲子園団地」があり、朝夕のラッシュ時以外でも、たくさんの乗降があった。撮影当時はこの駅が終点だったが、戦前は海岸に近い中津浜まで路線が営業されていた。◎昭和48年5月3日　撮影：岩堀春夫

併用軌道線では、プラットホームのある駅はごくわずかで、ほとんどの停留場では道路から直接乗り降りをした。電車の乗降口にはステップの切り欠きがなく、ホールディング・ステップと呼ばれる折畳み式のステップがドアの開閉にあわせて作動した。◎昭和49年10月5日　撮影：岩堀春夫

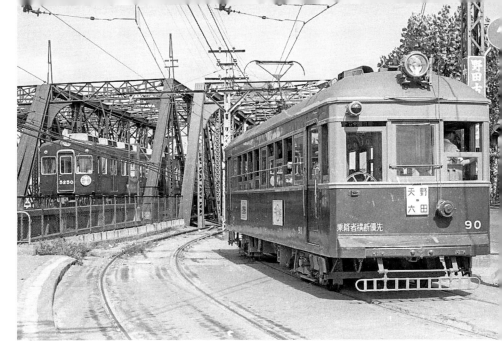

中津の跨線橋と中津電停。この電停は隣を阪急が走り、併用軌道線の電車と阪急が顔合わせする名物スポットだったが、この写真は見事に両者の並びを捉えている。◎昭和48年8月　撮影：山本雅生

野田を発車してカーブする天神橋筋六丁目行。天神橋筋六丁目と呼ぶ人は少なく、通称「天六」。方向板にも「天六」と記されていた。背後は阪神本線の高架。昭和48年7月29日　撮影：岩堀春夫

天神橋筋六丁目に停車する野田行。背景に写るのは、当時の京阪神急行電鉄（阪急）の天神橋駅で、元は新京阪のターミナルビルだった。駅の地下化後も天六阪急ビルとして残ったが、平成22年に惜しまれつつ解体された。◎昭和27年1月27日　撮影：高橋 弘

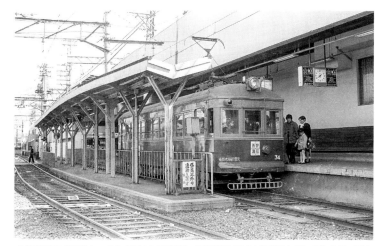

野田駅の国道線ホームに停車する31形。国道線と言えば71形などの「金魚鉢」が有名だが、先輩にあたる31形も運用されていた。北大阪線と国道線は連絡線でつながっていたものの、北大阪線〜国道線間の直通電車は基本的になく、野田駅で運転が分かれていた。◎昭和38年1月　撮影：山本雅生

阪急との並びを横から撮った写真。3複線の阪急高架線の横を北大阪線が走る。写真左側へ向かうと中津、右へ向かうと北野方面になる。◎昭和48年8月　撮影：山本雅生

まるで映画「ALWAYS 三丁目の夕日」を見るような光景。映画は昭和30年代の設定ではあるが、路面電車が佇む街並みは昭和そのもの。モノクロフィルムの感度は低く、デジタルカメラ全盛の昨今では想像できないぐらいに夕景を撮影するのは難しかった。ほんのり灯る街の灯りにも情緒がある。停車するのは31形の87。元は31形の47番だったが、40番台は忌み番として昭和10年に80桁の番号へ改番された。
◎天神橋筋六丁目　昭和49年10月29日　撮影：岩堀春夫

阪神 北大阪線 中津付近阪急神戸線の高架橋の下をくぐって走る1形。阪急の梅田〜十三間の高架化は大正15年のことだった。北大阪線は、ほとんどが併用軌道で敷設されたが、国鉄貨物線を跨ぐ中津跨線橋の前後は専用軌道で、この写真は跨線橋手前で写したもの。跨線橋を渡ると中津の停留所だ。◎昭和40年1月2日　撮影：高橋弘

北野から中津跨線橋を渡るとすぐに中津の停留場で、専用軌道脇にのりばがあった。北大阪線のりばの案内が中央に見える。右が野田方面、左が天六方面。写真の撮影は1月2日。天六方面に立つ晴れ着の女性は、天満の天神さんへ初詣に行くのだろうか。◎昭和40年1月2日　撮影：高橋弘

兵庫・長田
(ひょうご・ながた)
山陽電鉄本線

昭和43年4月7日の神戸高速鉄道開業により、電鉄兵庫〜西代間が廃止され、途中駅だった長田駅も廃止された。写真は最終日で、翌日には神戸高速鉄道の高速長田駅が開業し、併用軌道の路線にあった駅から地下の駅へと変わった。◎昭和43年4月6日　撮影：荻原二郎

電鉄兵庫駅最終日のスナップ。"山陽電車姫路網干行特急"の看板が目印で、古き良き時代のターミナル駅だった。写真手前は神戸市電の兵庫駅電停で、昭和46年に廃止された。コロナのタクシーやドレスメーカーの広告看板（中央縦型）も懐かしい。◎昭和43年4月6日　撮影：荻原二郎

併用軌道を走る850形。貫通扉化とロングシート化が行われ、普通電車に使用されていた頃。運転台の窓にHゴムが見られる。写真は、電鉄兵庫〜西代間廃止の前日に撮影されたもの。◎電鉄兵庫〜長田　昭和43年4月6日　撮影：荻原二郎

ラッシュ時の普通列車対策に力を発揮した300形。3扉車のため座席が少なく収容力はあったが、予算が少ない中で旧型の機器を流用したことから、乗り心地は今ひとつで、乗客の評判はあまり良くなかった。◎長田　昭和43年4月6日　撮影：荻原二郎

2000系の最終タイプとして昭和37年に製造された（後に中間車のみ製造された2両を除く）。車体はスキンステンレス製で赤帯を巻く。当時、ステンレス車両は眩しく見えたことだろう。特急マークも誇らしげだ。◎長田　昭和43年4月6日　撮影：荻原二郎

電鉄兵庫〜西代間廃止の前日、架線が続く併用軌道を新型の3000系が走る。反対側の道路はかなり混んでいるが、こちらは並行して走る車がなく撮影にはもってこい。併用軌道での撮影は車とのタイミングが難しい。◎長田〜電鉄兵庫　昭和43年4月6日　撮影：荻原二郎

アルミ合金製の3000系1次車が併用軌道を走る。当時3000系は新車で、手前は昭和39年12月に竣工したばかりの3000形3000。電鉄兵庫〜西代間は3年後に廃止され、この区間を3000系が走行したのはほんの数年のことだった。◎昭和40年3月3日　撮影：荻原二郎

西代
山陽電鉄本線

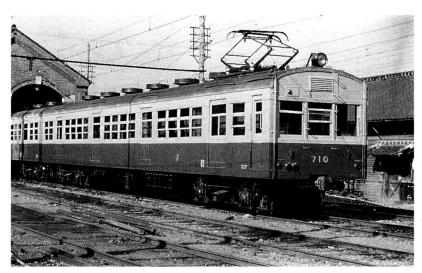

昭和23年10月に電鉄兵庫〜電鉄須磨間の架線電圧を1500Vへ昇圧する工事が完成し、電鉄兵庫〜電鉄姫路間が1500Vで統一されたことにより、800形が全線で使用可能になった。この年の12月にダイヤ改正が行われ、800形は電鉄兵庫〜電鉄姫路間の急行に使用された。写真は昭和24年の改番で700形になっていた頃。塗色はクリームとブルーのツートンカラー塗り分けられている。その後、窓の2段化や側面窓下への保護棒の取り付けを行っている。
◎西代車庫　昭和25年5月　撮影：亀井一男

写真の200形212は、昭和13年に登場した車両。登場時は青緑とクリームのツートンカラーだったが、戦時中に茶色へ塗り変えられた。戦後には、直流1500V用に改造され、集電装置をトロリーポールからパンタグラフに変更した。乗降口の扉と連動するホールディングステップはすでに撤去され、大型車両700形の車両限界にあわせた乗降口のステップが張り出している。◎西代車庫　昭和20年代　撮影：亀井一男

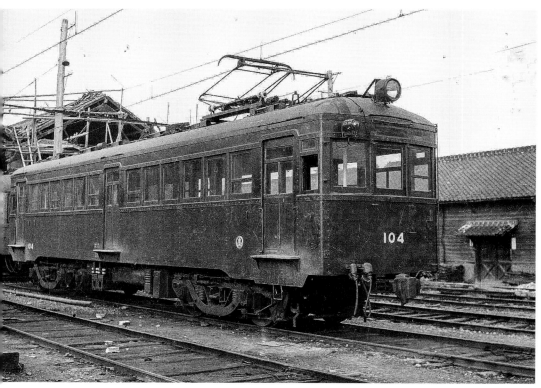

写真の100形104は、昭和2年に兵庫電気軌道と神戸姫路電気鉄道を吸収した宇治川電気電鉄部が51形として製造した車両で、異なる車両限界や架線電圧を克服し、兵庫〜姫路間の直通運転を実現した。戦時中の戦火をくぐり抜け、昭和24年に改番されて100形104となったが、昭和26年9月に発生した西代車庫の火災で焼失し、再利用されることなく解体された。◎西代車庫　昭和26年5月　撮影：亀井一男

700形の更新車で、足回りを使い、2000系3扉ロングシート車と同じ車体を載せた通勤形電車。2000系の後期タイプと同じ車体のため貫通扉が当初から付く。登場後は、播磨臨海工業地帯への通勤客など、高度経済成長期のラッシュ輸送を支えた。◎昭和43年4月7日　撮影：荻原二郎

250形の後期タイプだが、先に登場した250形とは異なる仕様のため270形と呼ばれた。車体は特急用の2000系をベースにした17m級。座席はロングシートながら奥行きのある低い座面で座り心地が良く、当初は特急にも使用された。写真は神戸高速鉄道開業前日の西代駅で、写真右奥に見えるのが翌日開業の神戸高速鉄道。この日まで電車はやや左にカーブして地上時代の長田駅へ向かっていた。
◎昭和43年4月6日　撮影：荻原二郎

西代駅から高速長田駅方向を見たところ。写真は神戸高速鉄道の開業日で、廃止された電鉄兵庫駅方面への線路（左）と本線が分断されている。前日の別写真とくらべると、何事もなかったかのように、神戸高速鉄道方面に電車が走っているのが印象的。◎昭和43年4月7日　撮影：荻原二郎

地上時代の西代駅を踏切外側から望遠で切り取った写真。西代駅の地下化は阪神・淡路大震災後。赤胴車の特急梅田行と山陽電鉄3050系の特急がすれ違う。左に写る阪神3000系は、1980年代に初の界磁チョッパ制御車として7801・7901形1次車から改造され、阪神で初めて形ではなく系で呼ばれた。◎平成初期　撮影：山本雅生

いたやど
板宿
山陽電鉄本線

神戸高速鉄道開通、阪急・阪神との相互乗り入れ開始の幕が駅頭を飾る。昭和40年に改築された駅舎が写る。阪神・淡路大震災にともない、早期復旧を目的に予定を早めて地下駅となった。◎板宿　昭和43年4月7日　撮影：荻原二郎

高架の電鉄須磨駅に到着した2扉車の200形。優美な流線形が特徴で、車両が大型車化する以前の代表的な形式だった。元はトロリーポールを使っていたが、戦後にパンタグラフへ換装された。ドアのステップは、大型車の車両限界に合わせて張り出すように取り付けられていた。◎昭和37年9月1日　撮影：荻原二郎

戦後、被災などで車両の確保が難しかった時代に、運輸省から割り当てを受けた63系電車を山陽電鉄仕様にした700形（当初は800形）。三段窓から二段窓に改造し、併用軌道も走るために保護棒を取り付けた（安全のため少し低い位置に設置）。狭軌の国鉄用に開発された63系電車だが、山陽電鉄では標準軌を走った。◎電鉄須磨　昭和37年9月1日　撮影：荻原二郎

山陽名物だった路面区間と平面交差

　神戸高速鉄道の開業にともない廃止された1968（昭和43）年4月7日の前日まで、山陽電鉄には電鉄兵庫〜長田間の併用軌道区間が存在した。戦後の1948（昭和23）年に架線電圧を600Vから1500Vへ昇圧すると、併用軌道とは不釣り合いな19m車や700形の20m車が悠々と路面を走り、自動車などと並走する姿は不思議な情景でもあった。また、長田駅付近には神戸市電と平面交差する場所があり、山陽電鉄は1500V、神戸市電は600Vという、国内でも珍しい異電圧の平面交差で、架線にはデッドセクションが設けられた。

このデッドセクションがくせ者で、パンタグラフを編成に2つ持つ山陽電鉄は仮に1両目で停止してしまっても、2両目のパンタグラフで通電して脱出可能だが、集電装置を1つしか持たない神戸市電の路面電車が誤ってデッドセクションで停止すると大変。自走できず、救援車を呼ぶか、はたまた乗客が押して動かす‥‥、そういうエピソードが結構あったそうだ。このような話も、どこか昭和らしい鉄道の記憶である。

電鉄須磨駅は国道を挟んだ国鉄須磨駅の近く。1階に改札口があり、プラットホームは古くからの高架。今も構造的にはあまり変化がないが、当時はこんな大きな駅名兼用の看板が改札口前に立っていた。◎昭和47年5月9日　撮影：荻原二郎

3000系2次車で普通鋼製。特急マークを掲げる3016は1月に竣工したばかり。神戸高速鉄道を経由して三宮へ向かう初日の撮影。山陽電鉄の念願だった神戸中心部への乗り入れが叶った記念すべき1日だった。◎電鉄須磨　昭和43年4月7日　撮影：荻原二郎

阪急と相互直通運転を行っていた頃で、阪急車による須磨浦公園発着の特急が運転されていた。写真は阪急5200系の特急で、三宮で増結・解放を行い、阪急で初めて新製された冷房車として人気を誇った。◎電鉄須磨　昭和47年5月9日　撮影：荻原二郎

昭和37年に製造された2000系2013＋2505＋2012の3両編成で、オールアルミ製の通勤形車両。車体に加工されたウロコ状の模様が特徴的で、除籍後も歴史的価値の高い車両として東二見車両基地で保存されている。◎電鉄須磨　昭和47年5月9日　撮影：荻原二郎

すまうらこうえん
須磨浦公園
山陽電鉄本線

太平洋戦争後初の転換クロスシートを備えた私鉄電車の820形の後を受け、昭和25年に登場した850形。820形よりも強力な主電動機を搭載して活躍した。撮影は昭和49年だが、モノクロ写真で見ると、もっと昔のようにも見える。ただし、方向板に姫路・新開地の文字が見えるので、神戸高速鉄道開業後だとわかる。◎須磨浦公園　昭和49年2月22日　撮影：岩堀春夫

塩屋
しおや
山陽電鉄本線

2000系は製造時によってその形態が異なり、タイプIIIと呼ばれるグループは、スキンステンレス車体を採用している。後に登場したタイプIVの客用扉は3扉となるが、タイプIIIは2扉車でステンレス地とともにスマートな印象だった。◎電鉄塩屋〜須磨浦公園　昭和60年12月15日　撮影：岩堀春夫

国道2号線に沿って須磨の海岸沿いを走る山陽1。神戸姫路電気鉄道時代に導入された木造有蓋の電動貨車で当時は302と呼ばれた。昭和20年には明石工場の空襲で被災し、昭和24年に鋼体化されて復活した。現役当時は長物車などを牽引して活躍。昭和60年に廃車された。◎須磨浦公園〜電鉄塩屋　昭和49年2月22日　撮影：岩堀春夫

電鉄塩屋駅に向かって踏切を後にする電鉄姫路行の特急。アルミニウム合金製の3000系1次車である。左に見えるのは国鉄塩屋駅で、両駅は近く、先に開業したのは明治時代に開業した国鉄塩屋駅。電鉄塩屋駅は、前身の兵庫電気軌道によって大正時代に開業した。◎須磨浦公園〜電鉄塩屋　昭和60年12月15日　撮影：岩堀春夫

東垂水 ひがしたるみ
山陽電鉄本線

東垂水駅は斜面が迫る駅。写真に写る300形は簡略化された設計で、低コスト車両だった。◎昭和43年4月7日　撮影：荻原二郎

霞ヶ丘 かすみがおか
山陽電鉄本線

2扉のスマートな側面に、かつての特急用車両の面影を見ることができた820形。写真は神戸高速鉄道開業日で、神戸高速鉄道にも入線できるよう、車両内の不燃化も施工された。神戸高速鉄道開通で乗客が増え、820・850形と同じ17m級2扉の270形を連結して3両で運転されるようになった。◎霞ヶ丘　昭和43年4月7日　撮影：荻原二郎

舞子公園 まいここうえん
山陽電鉄本線

舞子公園駅に差し掛かる270形。舞子公園駅は大正6年に舞子駅として開業。昭和10年に舞子公園駅となった。◎昭和47年5月9日　撮影：荻原二郎

こじんまりした駅だった舞子公園駅。平成13年に橋上駅舎になり、現在は駅近くに高層マンションが建つなど風景が一変している。◎昭和47年5月9日　撮影：荻原二郎

大蔵谷 （おおくらだに）
山陽電鉄本線

250形は非貫通3枚窓で、車体の大型化に貢献した車両だった。撮影は神戸高速鉄道開業日で、250形も神戸高速鉄道の地下線へ入線した。標識板にはこの日に開業した神戸高速鉄道新開地駅の表示が見られる。◎大蔵谷　昭和43年4月7日　撮影：荻原二郎

明石 （あかし）
山陽電鉄本線

写真の200形は、太平洋戦争末期の資材や人員が少ない時期に製造され、流線形ではなく直線的なデザインになった。電鉄明石駅は、現在は山陽明石駅に改称し、高架化とともにJR側へ移設されている。◎昭和36年11月28日　撮影：荻原二郎

電鉄明石駅の踏切を渡る3000系アルミ合金車。右に写るのが昭和43年当時の古びた駅舎。その後、駅舎は改装されて高架化までこの位置にあった。◎昭和43年4月7日　撮影：荻原二郎

高架の国鉄明石駅から撮影した電鉄明石駅。地上に古めかしい上屋を連ねたプラットホームが並ぶ。手前は国鉄明石駅の駅前広場。平成3年に明石市内の連続立体交差事業によって山陽電鉄は高架化され、山陽明石駅に改称した。現在もJRの明石駅の南側に位置するが、高架化で風景が一変している。◎昭和49年6月16日　撮影：岩堀春夫

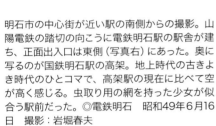

明石市の中心街が近い駅の南側からの撮影。山陽電鉄の踏切の向こうに電鉄明石駅の駅舎が建ち、正面出入口は東側（写真右）にあった。奥に写るのが国鉄明石駅の高架。地上時代の古きよき時代のひとコマで、高架駅の現在に比べて空が高く感じる。虫取り用の網を持った少女が似合う駅前だった。◎電鉄明石　昭和49年6月16日　撮影：岩堀春夫

木製支柱が並ぶ大きなプラットホームだった地上時代の様子。駅は平成3年に高架化され、4日後に山陽明石駅へ改称された。写る車両は普通鋼製の3000系で、旧塗色の濃紺とクリームのツートンカラーである。「阪神大石」行の表示も今となっては懐かしい。大石駅で折り返す直通運転は、平成13年をもって終了した。◎電鉄明石　昭和53年5月1日　撮影：岩堀春夫

東二見（ひがしふたみ）
山陽電鉄本線

700形は、当初は800形と呼ばれ、終戦後の混乱期に運輸省から割り当てられた63系を使った車両だった。日本の標準軌の私鉄で山陽電気鉄道のみが導入し、ポール集電による小型車を運行していた同鉄道にとっては、急場をしのぐ策とは言え、大きな冒険だった。63系と言えば、3段窓から脱出できずに多数の死傷者を出した桜木町事故を連想するが、山陽電気鉄道では、桜木町事故が起こる前から、3段窓を2段窓に改良していた。◎東二見　昭和36年11月28日　撮影：荻原二郎

別府（べふ）
山陽電鉄本線

加古川市南東に位置する電鉄別府駅付近。当時の隣駅は電鉄本荘という駅名で現在の播磨町駅。現在も、播磨町～別府間には中の池などの池が存在するが、昭和42年に起工された山陽新幹線の高架が後に建設された。別府駅は、先に開業した別府鉄道と立体交差していたため、駅は昔から高架上にあった。◎昭和40年10月20日　撮影：中西進一郎

亀山（かめやま）
山陽電鉄本線

2000系のステンレス車両が電鉄亀山駅に到着するところ。電鉄亀山駅の近くには、当時国鉄播但線（飾磨港線）の亀山駅があったが、同線の廃止にともない昭和61年に廃止。電鉄亀山駅は、平成3年に亀山へ改称した。◎昭和56年 1月27日　撮影：荻原二郎

手柄
山陽電鉄本線

隣駅の電鉄姫路発新開地行の普通に使用される850形。貫通扉などの設置の後、他形式の車両同様に種別幕や方向幕を貫通扉に取り付けるようになり、特急用当時のスマートな前面を想像できない姿になっていた。◎手柄 昭和56年1月27日 撮影：荻原二郎

姫路
山陽電鉄本線

国鉄姫路駅側から見た大手前通りで奥は姫路城。この通りは戦後に幅の広い道路へ整備されたもので、工事に際して元の電鉄姫路駅は後退して現在地へ移転した。写真は移転後の時代で、駅は写真左端の山陽百貨店を背景にした高架のターミナル駅である。山陽電鉄本線は、神戸側へ向けて東へ走る路線だが、駅を発車するとまずは西へ向けて路線が延びる不思議な線形をしている。◎昭和35年 提供：姫路市

神戸高速鉄道開通と阪急・阪神との相互乗り入れを記念して開催された「のびゆく山陽電車展」のポスター。姫路の山陽百貨店で催された。◎昭和43年4月6日 撮影：荻原二郎

飾磨 （しかま）
山陽電鉄本線・網干線

飾磨駅は網干線が分岐する駅。当時はまだ国鉄播但線（飾磨港線）の飾磨駅があり、駅名は電鉄飾磨だったが、駅名板にはほかの駅名板のような電鉄〇〇駅の表示がない。現在は飾磨駅と改称し、駅舎は3階建てのビルになっている。
◎昭和56年1月27日　撮影：荻原二郎

広畑 （ひろはた）
山陽電鉄網干線

車体幅の狭い戦前からの車両を無くすために1960年代に投入されたのが300形。200形の機器を流用し、3扉の車体を新造した電車。神戸高速鉄道開業に向けて多額の予算を必要とし、300形はコストを抑えた簡素な造りになっている。◎広畑　昭和40年3月3日
撮影：荻原二郎

270形は、2000系ベースの車体で、乗り心地に配慮した低い座面で乗客の評判が良かった。撮影場所は網干線の広畑駅付近で、近くには高度経済成長期を支えた製鐵所があり、そこで働く人々にも270形は愛されたことだろう。◎昭和40年3月3日　撮影：荻原二郎

昭和15年に仮設の日鉄前駅として開業。翌年に広畑駅と改称し現在地へ移転した。日本製鐵広畑製鐵所の最寄り駅。写真は昭和40年撮影だが、駅名板の広の文字が旧字体のまま使用されている。◎広畑　昭和40年3月3日　撮影：荻原二郎

あぼし
網干
山陽電鉄網干線

網干線の延長によって昭和16年に開業した駅。駅は網干の中心地にある。終戦後に姫路市と合併するまでは、揖保郡網干町だった。行き止まり式のプラットホームの頭端に駅舎が建つのは今も同じだが、現在では駅ビルが大半を占めている。◎昭和40年3月3日　撮影：荻原二郎

電鉄網干駅のプラットホームに立つ駅名標。今では数少なくなった鳥居型の木製駅名標。「あぼし」と大きく書かれる反面、「でんてつ」の文字は小さめだ。ちなみに国鉄網干駅はこの駅からずいぶん離れている。◎昭和40年3月3日　撮影：荻原二郎

辻 良樹（つじ よしき）

昭和42年、滋賀県生まれ。東京で鉄道PR誌編集を経て、鉄道ライターに。現在、鉄道誌やムック、図鑑、記念誌等、幅広く鉄道を執筆。一方で、関西私鉄が持つ個性豊かな魅力にも興味があり、その成り立ちや変遷の研究、かつての面影探しなども行う。著書に『関西 鉄道考古学探見』『にっぽん列車車両図鑑』（ともにJTBパブリッシング）や『日本の鉄道大図鑑1100』（学研）他多数。

【写真提供】

岩堀春夫、江本廣一、荻原二郎、鹿島雅美、亀井一男、園田正雄、高田隆雄、高橋 弘、中西進一郎、野口昭雄、安田就視、山本雅生、和気隆三（敬称略）

彩流社

阪神電鉄・山陽電鉄 昭和の記憶

発行日	2015年1月5日　第1刷　　※定価はカバーに表示してあります。
著者	辻 良樹
発行者	竹内淳夫
発行所	株式会社彩流社
	〒102-0071　東京都千代田区富士見２－２－２
	TEL. 03-3234-5931　FAX.03-3234-5932
	http://www.sairyusha.co.jp
編集協力	株式会社フォト・パブリッシング
装丁・デザイン・DTP	古林茂春(STUDIO ESPACE)
印刷	モリモト印刷株式会社
製本	株式会社難波製本

ISBN978-4-7791-2358-0 C0026

本書は日本出版著作権協会（JPCA）が委託管理する著作物です。
複写（コピー）・複製、その他著作物の利用については、事前にJPCA（電話 03-3812-9424、e-mail:info@jpca.jp.net）の許諾を得てください。なお、無断でのコピー・スキャン・デジタル化等の複製は著作権法上での例外を除き、著作権法違反となります。